길을 묻다

국립중앙도서관 출판예정도서목록(CIP)

길을 묻다 : 육근철 시집 / 지은이: 육근철. -- 대전 : 지혜
 : 애지, 2017
    p. ;   cm. -- (지혜사랑 ; 171)

ISBN 979-11-5728-235-7 03810 : ₩10000

한국 현대시[韓國現代詩]

811.7-KDC6
895.715-DDC23   CIP2017014906

지혜사랑 171

길을 묻다

육근철

지혜

시인의 말

산이
비탈에서 나무를 키우듯 수국은 가장자리 꽃 피워
안으로 안으로 열매 맺게 하느니
헛꽃이 헛것이 아닌 것을 스스로 증명하는 저 처연한 꽃
그대 아시는가 들었는가
헛꽃의 절규를

나의 시는 산수국 헛꽃
오로지 참꽃 위해 연자색 꽃잎마다 그리움 담아 나비인 듯 별빛인 듯 시린 입술로 노래한다. 백설의 눈 속에서도 열매를 에워싸고 잎맥 노을 누런 종잇장 헛꽃으로 춤을 춘다.
헛꽃만 피워 배움 고풀 때 定破異의 창작 원리를 가르쳐 주고 이끌어 준 나태주 시인께 머리 숙여 감사드린다. 그리고 통증과 싸우는 외로운 시의 길에서 늘 용기와 격려를 해 준 아내와 큰 머느리 동연과 그림자에게도 고마움을 표한다. 5년 째 치매로 병상에 누워 계시는 어머님이 이 시집으로 인해 좀 더 행복해 하셨으면 좋겠다. 특히 천사의 날갯짓으로 시심을 북돋아 준 서현이, 채영이, 둘째 머느리 은진이가 있어 행복하다.

2017년 6월 어느 날
鳳谷山房에서 육근철

차례

시인의 말 —————————————— 5

1부 여우비

여우비 ———————————————— 12
낮달 1 ———————————————— 13
길을 묻다 —————————————— 14
나무 그림자 ————————————— 15
폭설 ————————————————— 16
마당 ————————————————— 17
소나기 ———————————————— 18
산책 ————————————————— 19
하늘 연못 —————————————— 20
이월 1 ———————————————— 21
봄비 ————————————————— 22
솔밭 ————————————————— 23
하늘 ————————————————— 24
땅거미 ———————————————— 25
목욕탕 ———————————————— 26
무녀도 ———————————————— 28
고뿔 ————————————————— 29
십일월은 —————————————— 30
나뭇결 여행 ————————————— 31
점묘법 ———————————————— 32
설야 ————————————————— 34

2부 눈부처

계단	36
첫 경험	37
가로등	38
골동품	39
죽는 법	40
이명	41
배꼽	42
초로	43
촛불	44
성못길	45
고향집	46
별똥별	47
후회	48
옹이	49
눈부처	50
꽃물	52
서현아	53
짝사랑	54
사랑이 오거든	55
스마트 폰	56
삼월	57
먼 청량사	58
낮달 2	59

3부 연주하시라

속앓이 —불확정성不確定性 ————— 62
거울 ————————————— 63
그냥 사랑해 —상보성相補性 ————— 64
팽이 ————————————— 65
연주하시라 ————————— 66
중력 1 ————————————— 68
첼로 ————————————— 69
겁 ——————————————— 70
사랑 ————————————— 71
숟가락 ————————————— 72
시간 ————————————— 74
시계 ————————————— 75
사랑비행 ————————————— 76
연탄은 ————————————— 78
달 ——————————————— 79
비눗방울 ————————————— 81
비행기구름 ————————————— 82
빅뱅 —탄생을 위하여 ————————— 84
커브길 ————————————— 86
시간의 열차 ————————————— 87
중력 2 ————————————— 88

4부 꽃분

못 다 핀 — 90
위로 — 91
수박 — 92
꽃분 — 93
호수 — 94
소 — 95
쭈꾸미 — 96
술국 — 97
한지 — 98
꿈 — 99
노숙 — 100
인생 — 101
그림 — 102
종강 — 103
손목시계 — 104
시가 되고 싶다 — 105
빈집 — 106
싸락눈 — 107
허상 — 108
강아지풀 1 — 109
꽃이고 싶다 — 110
농막의 한 나절 — 112
만약에 — 114
곡즉전曲則全 — 117
꽃잎 — 118

5부 홍매화

홍매화	120
할미꽃	121
달맞이꽃 1	123
복수초	124
불면	125
난꽃	126
가을 담쟁이	127
엉겅퀴꽃	128
붓꽃 편지	130
강아지풀 2	131
달개비꽃	132
붓꽃	133
달맞이꽃 2	134
앵초꽃	135
섬쑥부쟁이	136
이월 2	137
제비꽃	138
춘란	139
민들레 연가	140
둥굴레꽃	143
난蘭	144
꽃무릇	145

해설 • 더 멀리까지 가보자 • 나태주 ──── 148

- 일러두기
  한 연이 첫 번째 행에서 시작될 때는 > 로 표시합니다.

1부

여우비

여우비

빛줄기
빛줄기 사이
비가 내린다

산 빛
다가와
더 밝게 웃고

물 빛
더 멀어져
후두둑 지나는 소리

구름 수줍어
산 넘어 숨은
자리

빗줄기
빗줄기 사이
무지개 하나 떴다.

낮달 1

누가
헹구어 널었는가
어느 여인의 모시적삼
하얗게 빛바래 빈 달로 떠오르는
투명한 빙어 빛
은비늘

아
살포시 보이는 모시적삼 밑
젖무덤.

길을 묻다

이
아름다운 행성 지구에서
찢기고 터지고 할켜 만신창이 된 연어가
길을 묻고 있다
내 새끼들 돌아올 수 있나요?

유부도 도요새는 종종 걸음
저어새는 저어저어 고갯짓으로
길을 묻고 있다
우리 내년에도 돌아올 수 있나요?

아니
산도 골도 파 헤쳐진 황폐해진 지구
이 행성에서 빌딩 숲 환풍기 바람 쐬다
풀썩 주저앉은 골목
노인들의 눈망울이
길을 묻고 있다
나 돌아올 수 있나요?

나무 그림자

나무
그림자는
바닥에 누워 햇살과 희롱을 하다
슬며시 기둥 기어올라 애무를 한다지
타는 목마름 열정에 넘쳐 거친 숨 몰아치는
사랑 아니라
바람 일렁이는 만지작거리는 사랑
귀여운 손녀 사랑
사랑을 하지
그림자와 그림자 만나
우정처럼 놀다
손잡고 놀다
저녁연기 퍼져 오면 길게 누워
나무보다 더 길게 누워
또 사랑을 하지
이 땅의 모든 흙과 애무를 하지
흩어지면 놓칠세라 꼭 껴안고
마지막 사랑
사랑을 하지.

폭설

왜
이리
퍼붓는다냐
섬돌 위
검정 고무신
탁탁 터는 어머니
목발 짚고 일어선
발자국 네 개
뒷간 가더라
홀로 가더라
산도, 나무도, 경계도
묻히더라
뒷모습
마저.

마당

마당을 쓸면
감나무도
미안한 마음으로
잎을 떨군다

내 마음도
거기에 가
살짝 앉는다.

소나기

호박잎 사이
할딱이던 청개구리

후두둑
소나기 쏟아지자

소나기는 일단
피하고 보는 거야

첨벙
다이빙 하는 소리

껄껄
호박잎 진저리 친다.

산책

너
외로운
도깨비바늘

내
바지가랭이 붙잡네

나는 그냥
모른 척.

하늘 연못

목 백일홍 붉은 잎
숨어있던 청개구리
뛰어 드는 물소리

첨벙

서녘 하늘 그리매
숨어있던 별똥별
스쳐 가는 빛 소리

씨익.

이월 1

눈은
산사나무 뒤
마른 난 잎에 휘이고
솔나무 밑 노란 솔가루
촉촉이 원을 그려 영역을 표시하지
주인 잠시 비운 농막
처마 끝
쌓이고 쌓여 고드름
뚝 떨어지면
와지끈 깨지는 소리
지구도
깜짝 놀라 하품을 한다.

봄비

빗방울 하나
똠방
난 잎에
떨어졌습니다

휘인 공간
출렁
진저리칩니다

난꽃
한 송이
방긋
벙글었습니다.

솔밭

기댄 놈
곧게 뻗은 놈
흰 놈 옆에 또 흰 놈

솔밭은
오일장 장보러 나온
읍내 장터
무성영화 정지화면

손자 옆에 할아버지
할머니 옆에 또 할머니

움직일 듯 살아날 듯
안개 속 솔밭은
유성장터 흑백사진
흰 놈 옆에 또
흰 놈.

하늘

저
환장하게 시퍼런 우물
풍덩 뛰어들면
이십억 광년 후
들릴까

가을
풍경 소리.

땅거미

땅거미
스믈스믈 기어드는 마당가

맨드라미 붉게 붉게
검은 씨알 움켜쥐고 있는데
거기 홀로 서
지팡이 짚고 섰는 사람
지워지고 있는가
스며들고 있는가
꽃무릇 푸른 잎새
옹기종기 웃고 있는데
밀려오는 서러움
땅거미 때문인가
흰 수염 때문인가

땅거미
슬금슬금 기어드는 마당가.

목욕탕

울고
싶거든

실컷
혼자서
울고 싶거든

목욕탕에 가자

흐느껴
울고 싶을 땐
한증막 물수건 뒤집어쓰고
흐느껴 울자

땀인지
눈물인지
누가 알겠어

엉엉
울고 싶을 땐

폭포수 샤워기 틀어 놓고
실컷 울자

물소리인지
울음소리인지
누가 알겠어.

무녀도

비 뿌리는 바다는
슬프다
내려앉은 하늘
굽은 바닷가
하얗게 조각 조각난 햇살

들려오는 호루라기 소리
꽹가리 소리
서글픈 바다
다리에서 다리로 연결된 섬
더 이상 섬 아닌 섬

슬픈
섬 위에 내가 서있다
홀로이고 싶어도
홀로이지 못하는 섬
섬 위에 섬이
서 있다.

고뿔

창포 잎
쑥쑥 오르면
대파 꽃 하얗게 피더라

할머니
머릿수건 하얀 옥양목
둘둘 말아 목 걸어주면
대파 향 푹푹 풍기더라
고뿔이 떨어지더라

물 젖은
하얀 뿌리 봄비처럼 내리더라
연못가 내리더라
목수건 매콤 향기 할머니 향기
꿈에 본 약이더라
약손이더라

창포 꽃
노랗게 피면
대파 꽃 까맣게 이더라.

십일월은

울긋
내려와
내려와 쏜살같이
내려와 불긋
화살나무 머리 끝
붉어 우는 달

싸락눈 사락사락 흩뿌리다 만
호랑가시 하얀 꽃 쌀꽃으로 필 때
구절초 마디마디 스러지는 가을
차디찬 정강이 채이는 바람

엇 저녁
무서리 하얗게 내려
내려내려 사정없이 내려
늦게 핀 구절초
홀로 우는 달

나도
우는 달.

나뭇결 여행

나뭇결
갈색파도

배 하나 띄워
뒤로뒤로 노 저으면

살아 온 언덕
아쉬운 시간들

반짝이는 비늘 파도
만날 수 있을까

똠방
물방울 떨어지자
기둥에 일렁이는
물결무늬

제 자리
돌아와 맴도는
나뭇결 여행.

점묘법

눈도
쌓이면
침묵이 되는가

하얗게
쳐들어오는 눈보라

지워진
하늘, 산, 강, 나무

명도마저 무너져 내린
경계 없는 시간

마음만 홀로 맞서
풍경이 되는

너도 나도
사라진 눈밭

점도

쌓이면

마음이 되는가.

설야

치악산
눈은 내리고
뚜두둑 뚝 딱
겨울 산
앓는 소리에
뒤척이는 산사
나무도 울고
나도 울고
풍경도 우는
밤.

2부

눈부처

계단

다시는
오지 말라 하시기에

다시는
다시는 오지 않겠다 다짐하며
내려오는 계단

한 계단 내려오며
얼굴 하나 지우고

또 한 계단 내 디디며
마음 하나 지우다.

첫 경험

쪼르르

얏호!
나왔다
나 쉬 했어

두 팔 벌려
탄성 지르는 빨간
변기
종이 울리지
팡파르 터지지

짝짝짝
잘했어
터지는 박수소리
웃음소리

딸들아
이 세상 딸들아
첫 경험은 이렇게 치르는 거야.

나의 딸들아.

가로등

누구를
기다리시나
등 굽은 아저씨

낮에는 꾸벅꾸벅 빛 취해 졸다
밤이면 초롱초롱 무엇을 찾나
술 취한 사내들 발등에 오줌 뿌려도
묵묵히 받아 주는
땅 뿌리 쇠 아저씨
집도 절도 없나봐
온 종일 서있게.

골동품

처음엔
어쩔 줄 모른다

그 다음엔
덤덤하다

나중엔
처박아 둔다

그러다 어느 날
토닥여 어루만져도 준다.

죽는 법

성미
급한 물고기
먼저 죽는다

말썽꾸러기 어르신
묶이고 묶여 얻어 맞는다
잘하면
수면제도 얻어 먹는다

늙기 전
죽이고 또 죽여
순한 양 되거라

잘 죽는 법 여기 있다.

이명

내
귀는
고장 난 자명고
때도 없이
적이 쳐들어온다
소리치는
낙랑 공주여.

배꼽

하부지
이것 좀 봐
배꽃이 피었어
웃고 있어

바람꽃
하얗게 핀 곶자왈
꽃 한 송이.

초로

진종일
우러러 태양
한 바퀴 돌다

고개
숙인 해바라기

긴
그림자

그리움의
씨는 누가 거두나.

촛불

누구의
눈물, 진눈깨빈가

성난
함성소리
물러가라 배신자여

점 점 점
파문져 쏟아져 치는
빛의 물결

떨어져
처절히 스러지고 마는
진눈깨비의 탄식

첫눈
내리는
광화문 네거리.

성못길

할머니,

하부지는
침대도 없이
어떻게
자?

응,
황토방
흙침대라
몸에 좋단다

물가
학 한 마리
일러주는 길.

고향집

머릿방 문풍지 아직도
서럽게 서럽게 우리
외양간 쇠방울 지금도
처마 끝 풍경 아니더라도
땡그렁 땡그렁 우리
우물가 두레박 그렇게
쌀 씻는 새벽
달그락 달그락 부딪쳐 우리
대청호 수면 아래

꿈 속
마음의 시간 이렇게 우리
허망하게 허망하게 모로 누워서.

별똥별

누군가
그리운 날에는

검은 하늘 반짝이는
별들의 눈물이
눈물이 되고 싶다

운 좋게
유성 하나 발견하면
별똥별 눈물이
눈물이 되고 싶다

아니
눈물도 없이
굵고 짧게 타다
스쳐 사라지는 옷깃이 되고 싶다

누군가
그리운 날에는.

후회

버려
구겨진 종이 위에
내가 서 있다

눈과 입 만나 마루 되고
귀와 귀 만나 골이 난 얼굴

성난 파도 위
누구의 얼굴이 울고 있다

꺼내어
다림질 하고 싶은 지나간 시간
그때는 그랬었지 용서해 봐도
구겨진 시간

버려
구겨진 사진 위에
내가 누워 있다.

옹이

평생
빗방울 두들겨 맞아
골골이 들어난 힘줄
강물이 되고

천둥에 울고
번개로 뒤틀려
불끈 솟아 오른 핏줄
바다가 되는

그곳

연기 그을려
매운 눈물 휘돌아
되감긴 옹이는
섬이 되어

하늘 떠받아 집을 지킨
너와지붕

나의 아버지.

눈부처

나
그대 사랑할 수 있다면
눈부처 매일 보는 사랑을 하리
아기 눈동자 비친 내 모습
내 눈동자 비친 그대 모습 찾아내는
사랑을 하리
그리하여
그대 눈동자 비친 나의 모습 사랑하듯
내 눈동자 사는 그대 모습 사랑하리
여기 있는 내가 아닌 나의 사랑 위하여
그대 우물가
바람도 먼지도 일지 않는 우물 비치는 날
매일 보러 가는 사랑을 하리
사랑한다는 것은
눈부처 보이는 거리만큼만 사랑하는 것임을 깨닫는
눈부처 사랑을 하리
그대 멀리 있음은 멀어서 보이지 않고
그대 가까이 있음은 가까워 더 보이지 않는
눈부처 사랑
눈 감아도 보이는 눈부처

사랑을 하리

나 그대
다시 사랑할 수 있다면.

꽃물

할머니
가시던 날
마당가 화톳불
흩날리던 불티
밤하늘 별이던가
사루비아 꽃이던가
장작도 울고 나도 울던 불가
두런두런 왁자지껄 화톳불 타는 소리
설음도 서러운 듯 소음 속에 묻히고
어여 먼저 가
귓전에 맴도는데
어찌, 어찌 가실까
할머니 걸음
불꽃인 듯, 꽃불인 듯
붉게 피어 사르는
사루비아
꽃물.

서현아

어디 사세요?

옛날엔
고욤나무 뒷집

지금은
112동 306호

서현아
넌 어디 사니?

응-
모르는 집
앞집.

짝사랑

빨간
벽돌 이층집 창가
단풍 드네요

눈 안 가득
파고드는 저 깊은
호수 빛

어른어른
어리는 것은
갈래 머리 소녀 뿐

붉은
벽돌 기어오르는
담쟁이 부럽네요.

사랑이 오거든

사랑이 오거든
그냥
사랑의 나선 속으로
빠져들거라
다시는
빠져 나오지 않을 것처럼
깊이깊이 빠져들거라

번민이 오거든
그냥
침묵의 나선 속으로
빠져들거라
다시는
헤어 나오지 않을 것처럼
깊이깊이 빠져들 거라

사랑의
눈꽃이 핀다.

스마트 폰

스마트 폰아
우리 엄마 검색 좀 해 줄래?
공부 못 한다고 혼내는 우리 엄마
얼마나 공부 잘 했는지

스마트 폰아
우리 아빠 검색 좀 해 줄래?
띨띨하다 잔소리하는 우리 아빠
얼마나 똘똘했는지

스마트 폰아
내 친구 검색 좀 해 줄래?
무슨 고민이던 다 들어주는 우리 우정
얼마나 오래 갈지

똑똑한 스마트 폰아
무서운 아이야.

삼월

청매화
피는 삼월이 오면

흰 카라
하얀 목선
춤추던 귀밑머리

매운 듯
달콤한 향기
살아나는 봄바람.

먼 청량사

청량산 열 두 능선 어서 오라 손짓하는데
무릎 짚고 일어서니 산 벚꽃만 흐드러져
한 자락 세찬 골바람 흩뿌리는 눈물 꽃

체량한 꽃잎들은 산동네 아이들처럼
쪼르르 몰려갔다 눈처럼 쌓이는 길가
뼈마디 쑤시는 통증 저 물소리 울어주나

자란봉 선학봉 이어주는 하늘다리
구름인 듯 선계인 듯 가물가물 손짓하네
속 모르는 노랑할미새 어찌 그리 잘 걷느냐

낮달 2

낮달이 간다
벼 포기 사이로

초저녁 논두렁길
발 씻으러 가는 길

모심을 땐
흙탕물 그림자로
흔들리다

똥방개 한 마리
숨 쉬러 올라오면
정지하다

거머리 한 마리
쭉쭉 피 빨면
힛죽 웃다

흙탕물 가라앉아
맑은 물 되면

하얗게 웃다

초저녁 논두렁길
발 씻으러 가는 길

낮달도 진다
종아리 사이로.

3부

연주하시라

속앓이
— 불확정성 不確定性

그대
어디 있는지 알았을 땐
이미 거기에 없고

그대
은애 한다 생각했을 땐
이미 변해버린

젊은 날의 초상
주사위
놀이.

거울

마주 서
경계에 앉아

오직
비추기만 할 뿐
닿을 수도 갈무리도 않는

저
깊은 호수.

그냥 사랑해
— 상보성 相補性

너
나 사랑했어?

묻는 순간
나의 사랑은 이미 거기에
없을지 몰라

응
사랑해!

했을 땐 이미
그 사랑 아닐지 몰라

알맹이도 껍질도 없는
대답은 대답일 뿐

질문은 영혼에 영향을 미쳐
바뀔지 몰라

그냥
사랑해.

팽이

서러운 날은
팽이를 치자

가슴 치듯
울어야 할 사람 울지 않고
세상은 돌고 도는 거라고
소리치며

절정의
동이라도 서면
중심에 침을 내뱉어라
제 발등 떨어질 침이라도

분
못 삭히겠거든
찰싹 찰싹 뺨을 때리자
스스로 돌 수 없기에
얻어맞아야 사는 운명의 팽이
팽이를 치자.

연주하시라

뜸방
어느 날 갑자기
물방울 하나 떨어져 동심원 퍼져 나간다 해도
홀로 파문 져 갈 수 없는 것
파동은 파동끼리 조우하고 간섭하여
또 다른 파원이 되듯
너와 나 우리 되어 함께 가는 것

네 영혼
고귀하다 홀로 두려 하지 말고
숲에 가면 숲의 정령 함께 춤추고
바다에 가면 바다의 혼령 감응케 하라
파동은 독립적인 것
세파에 흔들려 춤춘다 해도 그 바람
그 향기 취하다 지나가면
다시 또 내 춤으로 돌아오는 것
네 영혼 홀로 두지 말고
함께 춤추게 하라
노래하게 하라

\>
　열두 줄
　가야금 따로따로 춤춰도
　하나의 음악으로 청산을 울리듯
　네 영혼 네 연주는 네가 하는 것
　열손가락 타고 드는 사랑의 전율
　그 사랑 그 혼령으로
　춤추게 하라
　노래하게 하라
　너 만의 춤을.

중력 1

잎 끝
이슬방울

지구와
줄다리기

져줄까
말까

뚬방
떨어지는
향자香子.

첼로

혹등고래
길고 아름다운 콧노래 소리
음악은 소리, 소리는 진동, 진동은 떨림
떨림은 사랑

사랑은 음악
나를 연주하시라
부둥켜 안고
이 몸통 다하여
공명으로 울어 줄 테니
공진으로 답하시라
마음 속 깊이

대왕고래
깊고 아름다운 숨결 소리
소리는 음악, 음악은 떨림, 떨림은 공명
공진은 사랑

사랑하는 그대여
연주하시라
나를.

겁

성주산
남포석 돌 눈
눈 한 번 깜빡이는 시간

눈
뜨고는 볼 수 없는
겁나게 긴
시간.

사랑

잎 끝
빗방울
져줄까 말까

가지 끝
단풍 나뭇잎
떨어질까 말까

눈썹 끝
눈물방울
내릴까 말까

마음 끝
미련방울
지울까 말까

모두가 줄다리기

이쪽과 저쪽
경계에
선.

숟가락

우리 손녀
밥 먹기 전 뽀로로 놀다
하부지
여기 내 얼굴이 거꾸로 보여!
깜짝 놀라 소리치던 거울
오목 손거울

뽀로로
손잡이가 좋아
장난감 놀이 하다
하부지
뒤 집으면 똑바로 보이네?
신기해하던 거울
볼록 손거울

밥상머리 실험 마당
요즘 아이들은 왜 이렇게 **빠른거야**
소스라치는 식탁
할아버지 시간

\>
　달 밝은 여름밤
　손녀하고 둘이서 달구경갈까
　우물 속 비친 얼굴
　달 보러 갈까
　둥근 손거울.

시간

바우야
바우야
거북 바우야
넌
무얼 먹고
사니.

시계

뻐꾸기는
정각만 되면 창문을 열고 나와 시간을 노래한다
장닭은 목청껏 하루를 질러대고
까치는 창문 밖 단풍나무 가지에서 내일이 어린이들의 설날임을 알린다
바퀴벌레는 씽크대 구석 웅크리고 있다 쪼로로 기어가며 밀레니엄이 무엇인가를 증명한다
독수리는 철 용광로 아궁이에 부지런히 수소를 태우며 그 부리부리한 눈으로 광년光年이 무엇인지 좁쌀무늬로 치장한다

화살은
어느 날 정오에서 다음 날 정수리까지 팔만육천사백 똑딱
외치며외치며 기록한다
춤추는 그들의 발자국 무늬를
아직도 지워지지 않는 저 암스트롱 타이어 발자국 무늬처럼
호기심 어린 세 살배기 눈으로
똑딱똑딱 춤을 춘다

시간의 화살여행.

사랑비행

다시
사랑을 한다면
잠자리 사랑을 하리

치누크 헬리콥터

가슴에 꼬리박고
머리채 낚아 채어
끌고 다니며

저
창공에
밤꽃 향기 뿜어대는
격정의 사랑을

하늘이 노래지면

호숫가 물 긷는
헬리콥터 파문으로

> 잠시 쉬었다
  다시 또 사랑하리.

연탄은

해
바라기
검둥이 눈빛
열아홉 블랙홀

흔들고 회전시켜
압착하면 뚫려 찍히는
붕어빵

마른번개 얻어맞고
붉게 타오르다 청색도 모자라
백색 광 내는
별

달동네
지지 않는 태양.

달

1.
엄마
이게 뭐야?
달

전병 하나 보여주면 벙긋 웃다
성체 모시듯 두 손 모아 받아드는
파리 바켓트 전병은 달이다

잇몸 녹여
상현달에 한 번 웃고
반달에 두 번 웃다
초승달 아쉬워하는 어머니

2.
냄새 나는 방
기저귀 찬 증손녀
달 따 먹으러 아장아장 들어오면
까꿍까꿍 보름달이 셋

>
　노란
　보름달 전병
　손녀와 증조할머니 사이
　아지 못할 핏줄 강이 흐른다

　서현아
　이게 뭐야?
　달.

비눗방울

세상은
허방마을 허망 꽃

빙빙 돌다
꽃 한 송이 피웠지

꽃반지
둥근 무지개

빙빙 돌았지.

비행기구름

구름이
구름이 하늘에
독수리, 펭귄, 캥거루 그려놓고
떠난 자리

우리는
우리는 마음에
피터팬, 어린왕자, 스머프 그림
그리지요

그 마음 따라가면
동화나라 갈 수 있을까

파란 하늘
하얀 신작로

저 길 따라가면
하늘나라 닿을 것 같아

눈 감고

비행기구름 그리는
가을 하늘.

빅뱅
― 탄생을 위하여

우리는
지금 빅뱅
빅뱅 하는 중

언젠가
뻥 터져 폭발하는 순간
산산이 부서져 이름이 되는 날
꽃 한 송이 피어 활짝 웃으리니
만삭의 둥근 달 솟아올라
의미는 욕망이 되고
욕망은 꽃이 되어 피어나리니
터져라 터져 꽃망울 터져
봄 여름 가을 겨울 그리고 봄
이름 지어 의미, 우주가 되어
우주에 우주 중첩으로 무늬가 되어
우리 살아나리니
우리는 모두 하나의 우주

영초의
그 순간 시작 점 위해

우리 모두 뱅뱅
빅뱅 하는 중.

커브길

나는
저항한다
구속하려는 일체의 외력에 대해

우아하게
은밀하게 널 향해 다가서는
통학버스 몸짓

사랑의 정전기력

아
이것은 나만의
비밀.

시간의 열차

등잔불
흔들리는 밤
뽀드득뽀드득 발자국 소리
들릴 듯 들리지 않고
싸르륵싸르륵 싸락눈 오는 소리
댓잎 적시는 소리
쓱쓱 외양간 혓바닥 핥는 소리
머릿방 등잔불 머리 끄슬리는 소리
그 불빛, 그 소리, 그 냄새
지금은 찾을 수 없지만 문득문득 그리운 것은
주름진 시간의 화살 때문
내릴 수도 다시 갈아 탈 수도 없는
시간의 열차

아!
창호지 넘어
잔광.

중력 2

나는
한번 빠져들면
영원히 빠져 나오지 못하는 블랙홀이다
어둡고 캄캄하지만 한 번 달아오르면
뜨겁게뜨겁게 달아올라 요동치는 오목의 공간이다
불끈불끈 솟아 응축된 에너지
녹여 스스로 발광해내는 비움의 계곡이다
움푹 패여 휜 나의 몸이 곧
너의 몸
하나 되는 사랑이다

하와가
한입 베어 문
날개 달린 사과다.

4부

꽃분

못 다 핀

이미 알고 있었지
네가 그림자라는 걸

너도 알고 있었지
내가 그림자라는 걸

그림자의 그림자가
놀다간 자리

못 다 핀
꽃 한 송이.

위로

먼 길 돌아
돌아 온 자동차
주차장 세워 놓고 손바닥으로
본 네트 쓰다듬어본다

수고했어
이제 좀 쉬어
손끝에 전해오는 열기

지친 음성
중얼거려본다
그래 너도 좀 쉬어.

수박

칼끝

살해되면서도

쩍
벌어져
환하게 웃는

저
잘 익은 보살.

꽃분

꽃의
꿈이 잠긴 꽃분
꽃 심지 않아도 이미 꽃인
너는 우주

우주가 있어 꽃이 피는 게냐
꽃이 있어 우주가 피는 게냐

꽃
아니어도
이미 꽃인 꽃분.

호수

호수는 가끔 숨을 쉰다
배설도 한다
어둠 속 기다리다
불 하나 켜지면 안도의 숨
끝나기 무섭게 내려앉는 검은 구름
구름은 구름은 하늘에서 그림을 그림을 그린다
고추도 그려 넣고 조가비도 그려 넣고
쏴- 쏴
우르릉 쾅
소낙비 진눈깨비 우박이 내리면
호수는 흙탕물 홍수가 되다 뱅뱅 돌아
진저리치는 지구
꾸르륵 꿀럭
배설을 하면 그제서야
고해성사 보고 난 여신도 미사포처럼
맑고 하얀 호수가 된다
욕망이 지고 피는
하얀 호수.

소

무슨
잘못 있었길래
꿇어 앉아
씹고 또 씹어 잘못을
되새기는 거냐.

쭈꾸미

태안의
한 어부가
쭈꾸미 낚시를 했다
고려청자 꼭 껴안은 쭈꾸미 한 마리
수만 점의 청자를 인양하여 국가는 보상금을 주기로 했다
이 보상금은 누가 받아야 하나?
쭈꾸미?
어부?
아니면 쭈꾸미를 사먹은 나?

그것이 문제.

술국

한 겨울
빨래 방망이
실컷
두들겨 맞은 북어
대가리
찢겨 터진 금빛
속살
진저리치는
꼬리의 마지막
소원

제발
버려다오 나를
바다에.

한지

할머니
손은 거칠었다
부드럽게 갈라진 손등
스며드는 물빛 윤곽선
손길은 숨결
토닥토닥
하늘 꿈
잠이 들었다.

꿈

다시
돌아가서도

돌아갈 수도 없는
어둠 속

분명
깨어있던

잃어버린
조각

하룻밤
진실.

노숙

녹슨
철로 길
정지한 기관차
빗물처럼 진하다

뉴욕
센트럴파크
긴 나무의자
벌렁 들어 누운
어느 철학자의 빈
하늘.

인생

두 눈
뜨기 위해

한쪽
눈 감고 떠나는

시간 여행.

그림

경계에 서서

찰칵

순간을 훔쳐

영원의
액자에 저장하는

소매치기.

종강

빈 강의실

지난 나를 돌아보니
허공에 떠 정지 비행하는 한 마리
쇠파리

접었다 폈다
폈다 접었다

오직
날기 위해 파닥인 반복의 시간
달리는 준마의 피를 빨기도 하고
자극도 주는

소크라테스.

손목시계

손은
숨을 멈추고
조금씩 아주 조금씩
돋보기 속 나사를 조여 나갔다

순간
째깍째깍
심장이 박동하기 시작했다

아무나
해서도 할 수도 없는
생명을 향한 단 하나의 도구
손

그 손이
시간을 연주하는
클래식 악기 하나 탄생시켰다

장인의 이름으로
째깍째깍.

시가 되고 싶다

바람 따라
흔들리는 시가 되고 싶다

책장 넘기면
언덕 넘어 새 세상 펼쳐지듯
시 한 수 노래하면
행간에 행간에 생각 바람 일어
신바람 일으키는 시가 되고 싶다

읽는 이 마음속에 꽃바람 일고
듣는 이 가슴속에 봄바람 불어
바람은 꽃이 되고
꽃은 시가 되어

윙윙 울어주는
시가 쓰고 싶다.

빈집

맨 처음
말이 사라졌다
그 다음 온기가 사라졌다

아궁이
거미가 집을 지었다
적막의 절벽
푸른 꽃이 피기 시작했다
망초대 하얀 군무가 반짝였다
별빛이었다

사라진다고
사라지는 게 아닌
서운해 할 필요도 없는
시간이 정지된 정원
새로운 언어가 이사왔다
꽃이었다.

싸락눈

문고리

쩍 달라붙는

이 깊은 겨울밤엔

북풍 찬바람도 서러워

싸리나무 어린 나목裸木 붙잡고

하늘을 빗자루 질 하나보다

한 번 빗질에

나목 끝 맺히는 고드름

튕겨 오르는 은하

두 번 빗질에

후두둑후드둑 튕겨 오르는 별 별

쏟아지는 유성우

별들의 눈물인가 반짝반짝 싸락눈

유령처럼 내리는 마당가

댓잎 스치는 소리

첫새벽

마당 쓰는 할아버지

헛기침

소리.

허상

누워

무릎사이
얼굴을 묻고

무르팍
바짝 당겨봐라

고구마 하나
슬프게 웃고 있지

헛것이
아닌 게야.

강아지풀 1

오요요 오요요
혓바닥 굴려굴려 입술피리 불어주면
저도 따라 살랑살랑 오요요 꼬리

오요요 오요요
손바닥 올려놓고 오요 오요 불어주면
저도 따라 오동 통통 오요요 씨알

복슬복슬 꼬리꽃, 바람꽃 일어
풍매화 꽃 피어 영그는 가을

우리 집 강아지 복슬 강아지
살랑살랑 꼬리꽃
오요요 춤추고

강가에 강아지 꼬리 강아지
굽신굽신 바람꽃
오요요 노래하네.

꽃이고 싶다

나는
너의 꽃
향기이고 싶다

봄이면
찬 기운 매운 향기
술 한 잔 권하는 여의소如意素
난 꽃이고 싶고

여름이면
하늘 찔러 물든 색
청량한 사랑 편지
붓꽃이고 싶다

가을에는
서릿발 정갈한 향기
옹기종기 누워 피는
황국黃菊이고 싶고

겨울에는

눈보라 휘몰아치는 창가
수줍게 늘어져 피는
수양매壽楊梅이고 싶다

나는
너의 꽃
향기이고 싶다.

농막의 한 나절

창문을 열면

코끼리 삼킨 보아뱀
앞산 녹음 지켜보고

뒤뜰 팽나무 그늘
새소리 바람소리 나를 흔들고

농부의 밭 가는 모습
지척에 지나가고

온종일 팔 벌려
새 쫓는 허수아비

여기가 극락정토

우매한 마음 길
하나 트지 못하여

돌 거북 피리 소리

듣지 못하고

등 굽은
소나무 꾸벅꾸벅 조을 때

나도 깜빡 조는 사이
처마 끝 풍경 소리

탱그렁!

만약에

만약에
하와가 사과를 따 먹지 않고
뱀을 잡아 먹었다면
지구는 천국이 되었겠지
교회당 십자가도 있었을까?
여자의 갈비뼈로 남자 만들었다면
남자가 아이를 낳았겠지
어디로 낳았을까? 입으로?

만약에
달이 없어진다면
밀물과 썰물이 없어지겠지
여성의 달거리도 없어질까?
달의 분화구에 토끼가 살고 있다면
호랑이도 살고 있겠지
토끼와 호랑이는 사랑을 나누지 않았을까?

만약에
물이 공기보다 가볍다면
나무는 물구나무를 서겠지

우리는 하늘과 바다 중 누구를 선택할까?
무지개 색이 모여 검정빛이 된다면
우리는 지옥 속에서 살겠지
시인들은 더 아름다운 시를 쓸까?

만약에
나무가 옮겨 다닐 수 있다면
나무와 인간의 전쟁이 일어나겠지
나무가 이겼을까? 인간이 이겼을까?
사람이 광합성 활동을 할 수 있다면
사람은 녹색 머리칼 녹색 얼굴을 하겠지
지구가 지금처럼 병들지 않았을까?

만약에
인간이 자기 성 전환 능력이 생긴다면
대머리가 없어지겠지
사랑의 꽃을 피울 수 있을까?
자신의 미래를 볼 수 있는 거울을 발명한다면
거울을 깨버리겠지
과학자들은 자살하지 않을까?

\>
　나는 오늘
　물음표와 느낌표의 숲에 들어가
　새싹에게 기차에게 구름에게
　"얘들아 고맙다"
　소리쳐 인사를 했다.

곡즉전曲則全

밤새워
난 잎은 낚시질했다
눈시울 붉다

이슬
하나 맺혔다
하늘의 무게

팽팽한 낚시 줄
지구 하나 걸렸다.

꽃잎

꽃잎 하나에 네가 있고
꽃잎 하나에 내가 있고
우리가 있다

꽃잎 피고 지는 것
우리 가고 오는 것

우주에 그대 있어
꽃잎 피고 지는 것

한 장의 꽃잎에서 우주를 보고
한 송이 꽃봉오리에서 핵을 보라

가고 오는 것에
눈길 주지 말고

이 순간
그대 있어 나 또한 있음에
의미를 두라

꽃 속에 우주가 핀다.

5부

홍매화

홍매화

툇마루
놋쇠 요강
누가 앉던 꽃이던가
홍매화 붉은 향기
옷소매 파고드는데
쪼르르
물 흐르는 소리
문지방 넘어 소리
봄인 듯 깨어보니
누님 얼굴
홍당무.

할미꽃

두통
치통 아가미통
찬 겨울 외 바람 통
뚱뚱 부어 울고 풀 때

지글지글 할미꽃 뿌리
화롯가에 울더라
할머니 손에 피더라

어이 입 벌려봐 지지면 낫어

지금도 들리는 듯
이글이글 타는 듯
그 할머니 어디가고
유성 장 좌판대 빨가벗고 누웠는가

할미는 언제나 네 편이여

그 음성 보고 싶어 사다 심어 꽃을 보니
봄바람 찬바람
핑그르르 도는 눈물

한 자락 꽃바람에
헝클어지는 흰머리

할미꽃 등 굽은 손길
보고 싶어
심었지.

달맞이꽃 1

지난밤
무슨 일 있었길래
아직도 등불

달밤에
뚝방길에
누구와 이슬 맞았길래
아직도 웃니

이슬인가
입가에 노란 미소가
달빛만 품었다고
사랑했다고
고백하는 아침

샛노란
달맞이꽃
아직도 등불.

복수초

유성
어느 봄 장날
길거리 좌판
할머니 치마폭에
주섬주섬 옷다
타이어 무릎대 질질 끌며
산유화야 산유화야 노래 부르다
핀
앉은뱅이 소쿠리
동전 두 잎.

불면

늦은 밤
책을 보다
창문 열고 난을 보네

초가지붕 박꽃인 듯
그도 맘에 들거니와

스칠 듯 머문 바람
향을 몰고 지나가니

너 보면
생각나는 이 있어
잠 못 들어 그러지.

난꽃

예쁘다
생각하니 이웃이

이름을
알고 나니 동무가

향기를
맡고 나니 애인이 되었습니다

이제사

사랑하는
법 하나 배웠습니다.

가을 담쟁이

담쟁이
기어오르는
벽이여 소리쳐라

가을이 왔다고

부채살 속살이여
있는 힘을 다해
벗어 던져라

네
젊음을.

엉겅퀴꽃

비 그친 원두막

먼 등불
볏잎 스치는 발걸음
흔들리는 그림자

어느 누가 물꼬 보러 가시나?

서쪽 물가
버드나무 길 지나는 청색 등불
여인의 발소리

금새

북쪽 산허리 돌아
내 달리는 파란 불덩이
여인의 치맛자락

춤추는 도깨비

\>
　가시 돋힌 방망이
　꽃이 되어 춤을 추네
　불꽃으로 춤을 추네

　도깨비불.

붓꽃 편지

먼 산 앞자락
지나가는 저 비야
쉬었다 가렴

여우비 시집가듯
구름비 지나가듯
연못가 피우지 못한
붉은 사랑

흔들리며 쓴
붓꽃이 지은 노래
자색의 편지

먼 산 앞자락
지나가는 저 비야
전하여 다오.

강아지풀 2

갑천변
자전거 길
털이 숭숭 강아지풀
자전거 지날 때마다
배꼽인사 절로 하네
굽신굽신 조아려 허리도 아플 텐데
자전거 바퀴살에 반짝이는
강아지풀
어디어디 떴나 강물 위에 떴지

계족산
황토 숲길
털이 숭숭 강아지풀
털끝마다 영근 씨알
그것도 무게라고 구부정이 굽었구나
가는 목 무거운 짐 어찌 어찌 버텼는가
머리 쓸면 순한 빗질 모로 쓸면 거친 바람
역류하며 살지 말고 바람 따라 살라하는
강아지풀
어디어디 떴나 내 맘속에 떴지.

달개비꽃

너도
꽃이었어?

연보라 달개비꽃
그렁그렁 맺힌 눈물

헤어지며 울던 아이
나 본 듯 여기라고

비 뿌리는 저녁나절
눈물 맺힌 그 얼굴.

붓꽃

붓통에
꽂힌 의지
뾰족뾰족 솟았나
청자빛 하늘 하늘
흔들리면 어때서
곧추 서
제 가슴 핥는가
어리석은 선비야
피기 전 옹골진 가슴
하늘 찔러 물든 색
옥양목 도포자락
흔들리면 어때서
작은 정원 두어 걸음
곳곳에 심어 놓고
애지중지 하는 뜻을
이제야 알겠다

일곱 색 무지개.

달맞이꽃 2

길가
떨어진
연노랑 꽃잎

밟힐라

돌아서 주워든
그리움 한 조각.

앵초꽃

연분홍
고운 꽃잎
애기씨 입술이던가
흰 카라 검은 교복
갈래머리 여학생
한 자락 봄바람에
투두둑
흰 실밥 터지는 가슴
봉긋봉긋 웃었지
깔깔깔 넘치는 교실
흔들리는 유리창
연분홍 꽃잎
그때는 그랬었지.

섬쑥부쟁이

시집 온
울릉도 댁
새하얀 옷을 입고
얼마나 울었길래
눈물 자죽 강 되었나
저물녘 산모롱이
돌아돌아 시오리
하얗게 하얗게
부서지는 파도소리
못 잊어 우는 게지
서러워 우는 게지.

이월 2

쉿
조용히

동안거
청 매화 등걸

꽃
피우는 중

담 넘어
매운 향기 나거든
보러 오세요.

제비꽃

옹기종기 모여 앉아
수다를 떠나

캄보디아 수상학교
모여 앉은 아이들

우리도 그랬으리
앉은뱅이 걸상 위

삐그덕 삐그덕 울었으리
빛나던 눈동자

하늘하늘 반짝이며
별빛만 보네.

춘란

키
작은 여인 하나
사랑하고 있었네

솔나무 바람 아래
귀여운 여인
울고 있었네
거북바위 달빛 아래
웃고 있었네
사시장철 푸른 잎
기다리고 있었네
제 그림자 붙잡고
살고 있었네
꼭꼭
가두어 숨겨 놓고서

키
작은 여인 하나
미워하고 있었네.

민들레 연가

봄

잠깐
멈추게

행여
밟히려나

노란
민들레.

여름

누굴
찾느냐

둥근달
전파망원경

>
하얀
민들레.

가을

야
요것 봐라

밟혀도
꽃 피우네

길가
민들레.

겨울

땅
짚고

일어섰네

꽁꽁
언 맨땅

붉은
민들레.

다시 봄

너
아느냐

톱날에
깎일 날

꼬마
민들레.

둥굴레꽃

초파일
절집 가는 길
오색 연등 하나 둘 불 켜질 때면
등 아래 꼬불꼬불 등 굽은 둥굴레
저도 따라 꽃등을 켠다

연등은 색등, 꽃등은 빛등
색등아래 빛등
허리 굽혀 소원 비는 길
색등 하나에 새색시 고개 숙이고
꽃등 둘에 어머니 가슴 여미고
빛등 셋에 할머니 손바닥 빌어
연신 광속으로 기도하는 길

둥굴레꽃
무리져 소원 비는 길
절집 가는 길 위에 내가 서있다.

난蘭

난초는
그리워한다
산 그림자
소리를

꽃무릇

창가
알몸으로 서
커튼 사이
밖을 보는 여인의
뒤태

격정의 불꽃놀이
사라진
창밖.

해설

더 멀리까지 가보자

나태주 시인

더 멀리까지 가보자

나태주 시인

1. 물리와 물리

어려서 어른들은 우리가 모르는 말씀을 가끔 하셨다. "네 국량대로 해보아라.", "그래, 네 국량이 겨우 그거냐?" 여기서 국량이란 말이 어려웠다. '궁량'이라고 들리던 바로 그 '국량局量'은 도대체 무슨 말일까? 우선 뜻을 알 수 없었다. 나중에 안 일이지만 사전적 풀이는 '남의 잘못을 이해하고 감싸주며 일을 능히 처리하는 힘'이었지만 어른들이 쓰신 말의 의도는 '마음의 품도' 또는 '마음의 넓이와 깊이' 정도가 아니었던가 싶다. 아무튼 '마음의 능력' 같은 것이 국량이다.

이렇게 국량이란 말과 함께 또 하나 마음에 와서 남았던 말은 '물리'란 말이다. "그 양반 물리가 났다"라든가 "공부를 하려면 물리가 날 때까지 해야 한다"라고 말할 때의 '물리'란 말의 뜻이 어려웠다. 그런데 학교에 다니면서 '물상'이란 과목을 배우고 '물리'란 과목을 배웠다. 물리와 물리. 말은 하나인데 뜻이 서로 다른 것 같았다.

그러하다. 앞에서의 물리는 '모든 사물의 이치' 또는 '사물에 대한 이해나 판단의 힘'을 가리키는 물리이고 뒤의 물리는 '물질의 물리적 성질과 그것이 나타내는 모든 현상, 그리고 그들 사이의 관계나 법칙을 연구하는 학문'으로서의 물리이다.

이 시집의 주인공 육근철은 본래 공주대학교에서 물리학을 가르치는 물리학 교수이고 물리학을 연구하는 학자였던 인물이다. 젊어서부터 물리학을 공부했고 성인이 되어서는 학생들에게 물리학을 가르쳐온 물리학도. 뼛속 깊이 과학자였고 그러므로 이과 성향이 강한 사람이었다.

그런데 언제부턴가 그 육근철, 그러니까 육근철 교수가 시를 써 오고 있었다. 뿐더러 시집까지 여러 권 낸 바 있다. 『물리의 향기』, 『사랑의 물리학』, 『반쪽은 그대 얼굴』. 대단한 인생의 집중이요 성과다. 하지만 가만히 그의 시집 이름들을 들여다보면 물리학 교수님의 냄새가 물씬 난다. 어휘부터가 그렇고 어휘의 조합, 배경이 그렇다. 게다가 그의 호가 이석理石. '물리를 터득하는 돌'이라는 뜻이다. 머리서부터 발끝까지 물리학도다.

이를 어쩐다? 시는 학문도 아니고 물리학도 아닌데. 여기에 애당초 물리학 교수님 육근철과 그와 가까웠던 사람인 나의 고민이 있었다. 그래서 우리는 함께 시 공부를 하기로 했다. 나는 그에게 내가 알고 있었던 시에 대한 알음알이를 나누어주고 또 그는 나에게 물리학적 깊이를 귀띔해주었다. 상부상조. 그렇게 좋을 수가 없었다. 그는 모르겠지만 나는 그로 하여 나의 세계와 정신을 훨씬 넓혔음을 확신한다.

그렇게 우리는 사우師友다. 사우는 스승이면서 벗이란 말. '스승이면서 벗과 같이 마음을 터놓을 수 없는 스승은 스승이 아니고 벗이면서 스승처럼 배울 것이 없는 벗은 벗이 아니다.' 그것이 바로 사우다. 이런 점에서 정말로 육근철 시인은 내가 최근에 만난 가장 중요한 벗이면서 마음의 스승같은 사람이다. 인생 말년에 이 얼마나 감사한 축복인가! 우리의 목표는 그랬다. 바로 그 두 개의 물리를 하나로 만들자. '사물의 이치'라고 말할 때의 물리와 '물리학'의 물리를 하나로 만들자. 그러면서 마음과 문장의 국량을 최대한 넓혀보자. 이것은 꿈만 같은 일이요 또 힘겨운 일이기도 했다. 그런 점에서 우리는 둘이서 먼 길을 떠나는 사람이었다. 같은 쪽으로 길을 떠나기는 했지만 행장은 독행, 오로지 혼자서 가는 길이었다.

그렇게 제법 먼 길을 왔다. 가장 급한 일은 그의 시에서 학문적 냄새를 빼내는 일이었다. 특히 물리학적 사고체계와 온갖 지식체계를 내려놓게 하는 일이었다. 결코 쉽지 않은 일이었을 것이다. 평생 동안 입고 있던 옷을 벗는 것처럼 어색하고 썰렁했으리라. 그렇지만 그는 그 일을 해내주었다. 처음 도착한 마을이 바로 『반쪽은 그대 얼굴』이란 시집.

그러나 여기에서도 자연과학도 육근철의 독특한 발상과 형식적 흔적은 남아 있었다. 우리의 전통시가인 시조의 종장만을 따로 떼어내어 하나의 시적 형식을 만들고 그것을 통일적으로 적용해서 시를 써 보는 것이다. 다음은 이전에 낸 시집『반쪽은 그대 얼굴』말미에 내가 화들짝 놀라며 칭찬하며 적었던 시인의 문장이다.

민들레
야! 요것보라
밟혀도
꽃 피우네

  3, 5, 4, 3으로 글자 수를 맞추고 그것을 네 줄로 행을 지어서 시를 꾸리는 것. 나름 독창이요 뛰어난 아이디어의 방출이다. 일본의 전통시가이며 세계에서 가장 짧은 시 형식인 하이쿠보다 더 작은 시의 형식을 육근철은 생각해 낸 것이다. 이 얼마나 물리학도적인가! 이 땅에서 그는 창의성 교육의 선도자인데 그 스스로 놀라운 창의성을 발휘하는 사람이었던 것이다.

2. 더욱 먼 길을 향해

  여기까지만 왔어도 많이, 멀리까지 온 걸음이다. 하지만 시에서의 행장은 가도 가도 끝이 없는 길. 아무리 다리가 아프고 고달프다 해도 그 자리에 주저앉을 수는 없는 일. 갈 데까지는 가 보아야 한다. 신이 허락하시는 날까지는 힘차게 땀 흘리며 가쁜 숨 몰아쉬면서라도 가 보아야 한다. 그것이 이 땅에 최초이자 최후로 찾아온 여행자, 나그네의 본분이요 미션이다.

  물리학의 옷을 완전히 벗어보자. 물리학이나 학문적인 현학을 버려보자. 그것이 일차 목표였고 그것을 위하여 또 좋은 시들을 많이 읽어보자. 그래서 육근철 시인은 동서양의 좋은 시, 아름다운 시, 울림이 있는 많은 시들을 섭렵하며 읽었다. 그의 태

도를 옆에서 지켜 보건대 역시 그는 과학도답다. 치밀하고 열정적이다. 쉬지 않는 정진이 있었다. 그래서 다시 한 번 시집을 묶게 되었다. 이번에 도달한 마을은 『길을 묻다』.

>빗줄기
>빗줄기 사이
>비가 내린다
>
>산 빛
>다가와
>더 밝게 웃고
>
>물 빛
>더 멀어져
>후두둑 지나는 소리
>
>구름 수줍어
>산 넘어 숨은
>자리
>
>빗줄기
>빗줄기 사이
>무지개 하나 떴다.
>― 「여우비」 전문

누가
헹구어 널었는가
어느 여인의 모시적삼
하얗게 빛바랜 빈 달로 떠오르는
투명한 빙어 빛
은비늘

아
살포시 보이는 모시적삼 밑
젖무덤.
— 「낮달」 전문

시집 앞부분부터 읽다가 선뜻 집어든 두 편의 작품. 늘 좋은 작품 앞에서면 떠오르는 말씀, 가편이다. 요즘의 시집 속 문장들 가운데 이만한 정석定石이 드물고 이만한 언어의 어여쁨이 또한 흔하지 않다. 어찌 손뼉을 치는 마음이 없을 것인가. 일일이 이론가가 되어 분석하고 다듬고 쪼으지 않더라도 좋은 것은 그냥 대번에 좋은 것으로 다가오는 것이 바로 시의 세상, 일이다.

너
외로운
도깨비바늘

내

바지가랭이 붙잡네

나는 그냥
모른 척.
—「산책」전문

 산책이면서 동행이다. 인간과 자연과의 교감이며 눈에 뜨이지 않는 천한 것, 미미한 사물과의 친밀이요 평등이요 또 대동大同이다. 이만한 원융의 세상이 또 많지 않다. 인간은 사악한 존재. 하지만 이러한 순간과 지향을 통해 조금씩 순화되고 조금씩 깊어지고 숭고한 단계에 이르고도 싶어 하는 것이라는 것을 이러한 작품은 조용히 타일러 가르쳐 준다. 인간과 자연의 동일화. 고마운 일이다.

빗방울 하나
뚬방
난 잎에
떨어졌습니다

휘인 공간
출렁
진저리칩니다

난꽃

한 송이
방긋
벙글었습니다.
─「봄비」전문

간결미의 극치를 보였다. 동양적 공간의 여백 또한 만만치 않다. 어찌 눈에 보이는 것만 있다고 하고 귀에 들리는 것만 있다고 그러겠는가. 눈에 보이지 않고 귀에 들리지 않아도 없다고 말하지 않는 것이 영력이고 먼 곳으로 떠나는 그리움이고 인간의 지혜다. 인간이 인간인 소이所以이기도 하다. 분명 눈에 보이지 않는 것들이 물결쳐 오는 것을 보고 또 들으리라. 시야말로 모래알 한 알에서 우주의 신비를 보아내는 글이고 또 시인은 그것을 그렇게 할 줄 아는 사람이 아니던가. 이것이 진정 시인이 해내야 할 상상력의 발현이다.

다시는
오지 말라 하시기에

다시는
다시는 오지 않겠다 다짐하며
내려오는 계단

한 계단 내려오며
얼굴 하나 지우고

또 한 계단 내 디디며

마음 하나 지우다.

―「계단」 전문

  육근철 시인이나 내나 이제는 나이가 제법 든 사람이다. 몸도 마음도 실하지 못하다. '젊어서 알 수 있었다면 얼마나 좋고 늙어서 할 수 있었다면 얼마나 좋을까?' 이것은 내가 가끔 젊은이들 앞에서 하는 말. 그처럼 우리는 늙어서 어떤 일이든지 쉽게는 할 수 없는 사람들이 되었다. 어쩌겠나. 주어진 시간이나마 최선을 다해서 내가 하고 싶은 일에 열중하는 길 밖에는 없는 일이다.

  그 길이 바로 시를 읽고 시를 생각하고 시를 쓰는 일이다. 호랑이는 죽어서 가죽을 남기고 사람은 죽어서 이름을 남긴다. 그랬다. 그만큼 이름이 중요하고 그의 인간적 업적이 소중하다는 것인데 육근철 시인은 이 다음에 물리학 교수로 남고 싶은 것일까? 아니면 시인으로 남고 싶은 것일까? 모르면 몰라도 한 사람 시인으로 남고 싶은 것일 것이다. 그것이 진정 그러하다면 지금 육근철 시인은 두 번째로 태어난 목숨이고 두 번째 세상을 사는 사람이다. 이 어찌 눈물겨운 일이 아니고 눈부신 하루하루 그이의 삶이 아니겠는가!

  육근철 시인님. 우리 가는 걸음이 힘겹겠지만 가는 데까지는 가봅시다. 그곳에 가서 천국을 만나든지 니르바나를 보든지 그렇게 합시다. 그러기에 당분간 우리는 더욱 조심하고 더욱 건강해야만 하고 밥도 잘 먹고 밤에 잠도 잘 자는 사람이어야만 합니다.

육근철 시집

길을 묻다

발   행 2017년 7월 3일
지 은 이 육근철
그   림 육근철
펴 낸 이 반송림
편집디자인 김지호
펴 낸 곳 도서출판 지혜
          계간시전문지 애지
기획위원 반경환 이형권 황정산
주   소 34624 대전광역시 동구 선화로 203-1, 2층 도서출판 지혜(삼성동)
전   화 042-625-1140
팩   스 042-627-1140
전자우편 ejisarang@hanmail.net
애지카페 cafe.daum.net/ejiliterature

ISBN : 979-11-5728-235-7 03810
값 10,000원

이 책의 판권은 지은이와 도서출판 지혜에 있습니다.
양측의 서면 동의 없는 무단 전제 및 복제를 금합니다.

육근철陸根鐵

육근철 시인은 대전에서 태어났고, 『시와 정신』으로 등단했으며, 시집으로는 『물리의 향기』, 『사랑의 물리학』, 『반쪽은 그대 얼굴』이 있다. 응용광학 전공으로 무아레 간섭무늬의 해석과 응용에 관해서 연구하였고, University of Georgia의 Torrance Center에서 창의성 연구교수를 역임했으며, 창의성 프로그램인 PEPC, WHA 모델을 개발 및 보급 했다. 이러한 공로로 WHO'S WHO 세계 인명사전 등재 됐으며, 현재 공주대학교 명예교수이고 풀꽃시문학회 회장으로 활동하고 있다. 육근철 시인의 세 번째 시집인 『반쪽은 그대 얼굴』은 시조의 종장 형식을 딴 가장 짧은 시로 새로운 창작의 지평을 열었다. 이번 네 번째 시집인 『길을 묻다』는 동양적 여백의 미학, 즉, 간결미의 극치를 보여주고 있다.

이메일 : gdyukk@hanmail.net
http//moire.kongju.ac.kr